BEI GRIN MACHT SICH IHR WISSEN BEZAHLT

- Wir veröffentlichen Ihre Hausarbeit, Bachelor- und Masterarbeit

- Ihr eigenes eBook und Buch - weltweit in allen wichtigen Shops

- Verdienen Sie an jedem Verkauf

Jetzt bei www.GRIN.com hochladen und kostenlos publizieren

Bibliografische Information der Deutschen Nationalbibliothek:

Die Deutsche Bibliothek verzeichnet diese Publikation in der Deutschen National-bibliografie; detaillierte bibliografische Daten sind im Internet über http://dnb.d-nb.de/ abrufbar.

Impressum:

Copyright © 2016 GRIN Verlag
Druck und Bindung: Books on Demand GmbH, Norderstedt Germany
ISBN: 9783668917217

Dieses Buch bei GRIN:

https://www.grin.com/document/461943

Salman Khan

Die Rolle des jüdischen Fundamentalismus bei der Siedlungspolitik Israels

GRIN Verlag

GRIN - Your knowledge has value

Der GRIN Verlag publiziert seit 1998 wissenschaftliche Arbeiten von Studenten, Hochschullehrern und anderen Akademikern als eBook und gedrucktes Buch. Die Verlagswebsite www.grin.com ist die ideale Plattform zur Veröffentlichung von Hausarbeiten, Abschlussarbeiten, wissenschaftlichen Aufsätzen, Dissertationen und Fachbüchern.

Besuchen Sie uns im Internet:

http://www.grin.com/

http://www.facebook.com/grincom

http://www.twitter.com/grin_com

Inhalt

1. Einleitung: Religion und Gewalt

„Religion und Gewalt" - Wer heutzutage Nachrichten ansieht, kann kaum den Zusammenhang dieser beiden Worte übersehen. Der islamistische Terror durch Organisationen wie IS, die "im Namen ihres Gottes" morden, oder die konservativen Christen in Amerika, die mit Angriffen auf Abtreibungskliniken für Aufruhr in der liberalen Medienwelt sorgten, ist nicht zu übersehen. Ist Religion für all diese Gewalt verantwortlich? Führende Denker wie der protestantische Professor Friedrich Wilhelm Graf sind der Meinung, dass Religion Vieles in einem Individuum bewirken kann:

„So sehr Religion den Menschen humanisieren kann, so sehr kann sie ihn auch barbarisieren, und die eine Bewusstseinsgestalt kann sehr schnell in die andere umschlagen;"- Friedrich Wilhelm Graf[1]

Das Religion einen Einfluss hat und als Rechtfertigung dieser Taten dargestellt wird ist eine Sache, doch die Ursachen der Gewalt sind oft vielschichtiger und komplizierter. Schiebt man die komplette Gewalt einfach auf die Religion der Täter, dann vereinfacht man sich einfach nur die Suche nach Ursachen ohne auf die Wurzel des Problems zu stoßen.

In dieser Arbeit werde ich mich mit dem Thema des israelisch-palästinensischen Konflikts befassen, dabei werde ich vor allem auf die religiöse Rechtfertigung der Gewalt der jüdischen Siedlerbewegung eingehen. Der Konflikt nimmt eine besondere Stellung im Themenbereich „Religion und Gewalt" ein, da er einer der langwierigsten der Konflikte ist und beide Seiten Religion als Rechtfertigung für ihre Gewalt nutzen. Des Weiteren werde ich die anderen „weltlichen" Gründe für die anhaltende Gewalt erläutern, die eine unterstützende Wirkung auf die jüdische Siedlerbewegung haben.

Am Anfang meiner Arbeit werde ich noch den nötigen historischen Hintergrund geben, der für das Verständnis der Entwicklung und des Einflusses der Siedlerbewegung auf den kompletten Nahost-Konflikt entscheidend ist.

---

[1] Zitiert aus Graf/Meier: Politik und Religion-zur Diagnose der Gegenwart, München 2013, S.14

2. Die Rolle des jüdischen Fundamentalismus bei der Siedlungspolitik Israels

2.1 Historischer Rückblick

Die Siedlerbewegung in Israel begann im Jahr 1967. Israel entschied sich gegen die Resolution 242 der Vereinten Nationen (VN) dafür, die im „6-Tage-Krieg"[2] eroberten Gebiete nicht zurückzugeben[3]. Jedoch begann Israel, Siedlungen im eroberten Land zu errichten, zunächst mit der Begründung dass man diese Siedlungen zum Schutze vor den arabischen Staaten brauche. Die Arabische Liga hatte in einem Treffen nach dem Krieg erklärt, keinen Frieden mit Israel zu wollen, keine Verhandlungen mit Israel aufzunehmen und Israel nicht als Staat anzuerkennen.

Einige Siedlungen wurden allerdings ohne Einverständnis und teilweise sogar gegen die Politik der Regierung errichtet, nämlich durch religiöse Fundamentalisten, die das komplette Heilige Land für die Juden beanspruchten. Israel nahm Ostjerusalem in die Stadtgrenzen Jerusalems auf und den palästinensischen Bewohnern wurde die israelische Staatsbürgerschaft angeboten. Die anderen besetzten Gebiete (Sinai-Halbinsel, Gaza, Golanhöhen und Westjordanland) kamen unter israelische Militärverwaltung.

Beim „Jom-Kippur-Krieg" wurde Israel 1974 von Ägypten und Syrien am jüdischen Feiertag Jom Kippur ohne Kriegserklärung angegriffen. Israel gelang es jedoch nach anfänglichen Schwierigkeiten die Angreifer zurückzudrängen. Diese Schwierigkeiten zerstörten jedoch das Image der unbesiegbaren israelischen Streitmacht in der Öffentlichkeit und wirkten sich somit auf die israelische Politik aus. Die Konservativen konnten somit erstmals seit Jahrzehnten wieder die Wahlen gewinnen und legalisierten prompt die zuvor nur geduldeten Siedlungen.

Die Siedlerbewegung wurde nun von der neu gewählten konservativen Regierung unterstützt, insbesondere von Ariel Sharon. Durch den Einsatz des damaligen Agrar- (1977-81) und Verteidigungsminister (1981-83) wurden die Siedlungen staatlich subventioniert, sodass Siedler Steuervorteile und geringere Lebensunterhaltungskosten genießen konnten[4]. Der monetäre Aspekt war vielen

---

[2] Israel griff Syrien, Jordanien und Ägypten ohne formale Kriegsankündigung an, da sie angekündigt hatten Israel angreifen zu wollen. Nach 6 Tagen endete der Krieg durch Vermittlungshilfe der VN.
[3] Resolution 242 besagte, dass sich Israel aus den im Krieg eroberten Gebieten zurückziehen muss
[4] Vgl. mit http://www.dw.de/geschichte-der-israelischen-siedlerbewegung/a-1682873 vom 17.08.2005

Siedlern wichtiger als der Religiöse, sodass sich die Siedlungen weiter verbreiten konnten, obwohl viele der Siedler die religiöse Ideologie der fundamentalistischen Siedler nicht teilten. Grund für die Maßnahmen Sharons war, dass bei steigender Anzahl der Siedler ein aufgezwungener Rückzug aus den besetzten Gebieten unwahrscheinlicher wurde.

Zudem wurde im Jahre 1968 die „Gush Emunim" gegründet[5]. Die Gush Emunim ist die Leitorganisation der Siedlerbewegung in Israel, die zum Ausbau der Siedlungen im besetzten Land drängte. Wegbereiter dieser nationalistisch-jüdischen Bewegung war der Oberrabbiner Abraham Jitzhak Kook (1865-1935), der viele der späteren Anführer der Bewegung unterrichtete, und dessen Sohn, Tzvi Yehudah Kook, einer der Mitgründer wurde.

Laut ihres Verständnisses des Judentums müsse Palästina im Besitz der Juden sein, damit die jüdische Prophezeiung sich erfülle, der Messias erscheine und das jüdische Volk erlöst werde. Große Unterstützung fanden sie in der neuen konservativen Regierung und insbesondere bei Ariel Sharon, der in verschiedenen Funktionen[6] in der israelischen Regierung arbeitete und den Siedlungsbau finanziell und politisch unterstützte. Die Anzahl der Siedler betrug etwa 11.200 im Jahre 1972, in den Jahren darauf verzehnfachte sich die Zahl der Siedler, sodass es 1983 etwa 107.000 Siedler gab[7].

Die Bewegung war auch der Meinung, dass die Besetzung „Groß-Israels" der Beweis für den jüdischen Gott sei, da ihrer Meinung nach Gott dafür gesorgt habe, dass sie das ganze Land bekommen. Deshalb war es ein großer Schock für sie als die konservative israelische Regierung mit Vermittlung der USA einen Friedensvertrag[8] mit Ägypten aushandelte, sodass man die Sinai-Halbinsel 1982 als Teil des Vertrags an Ägypten zurückgeben musste. Dies widersprach der Theorie der Bewegung, dass Gott ihnen ganz Palästina geben und auch nicht nehmen würde, und somit kam es zum Bruch zwischen ihnen und der konservativen Regierung. Viele Siedler sahen die Regierung als Gegner und so kam es zu gewaltsamen Auseinandersetzungen zwischen ihnen und den israelischen Soldaten. Die letzten 1500 Siedler wollten sogar den Freitod statt der

---

[5] „Block der Getreuen"
[6] Er war Landwirtschaftsminister(1977-1981), Verteidigungsminister(1981-1983), Minister ohne Geschäftsbereich(1983-1984), Minister für Handel(1984-1990), Bauminister(1990-1992), Minister der nationalen Infrastruktur(1996-1998), Außenminister(1998-2000) und Ministerpräsident(2001-2006).
[7] Schätzungen von Peace Now
[8] Sog. Camp-David-Abkommen, 1979 verhandelt und 1982 wurde die Sinai zurückgegeben.

Abgabe des Landes wählen, was allerdings durch gewaltsames Eingreifen der israelischen Armee verhindert werden konnte[9].

Die Räumung des Sinai wird als Beginn einer gewaltsameren Phase der Siedlerbewegung gesehen, da sich eine Terrororganisation im Untergrund der Gush Emunim entwickelte. 1984 wurden 25 Anhänger der Organisation beschuldigt, mehrere Terroranschläge zwischen 1980 und 1984 ausgeführt zu haben, wobei unter anderem zwei arabische Bürgermeister und drei palästinensische Jugendliche ermordet wurden. Zudem gab es einen gescheiterten Plan, den Felsendom und die Al-Aqsa Moschee zu sprengen[10], was unberechenbare Ausmaße auf die muslimisch-jüdischen Beziehungen gehabt hätte. Die Gush Emunim verlor nach dieser radikalen Phase jedoch stark an Einfluss und Attraktivität als Organisation und ist heute nur noch in der Lobbyarbeit in den Siedlergebieten aktiv[11].

In den neunziger Jahren nahm der Siedlungsbau zu, im Wesentlichen durch den Zerfall der Sowjetunion und den dadurch folgenden Zufluss sowjetischer Juden nach Israel, die auf der Suche nach günstigem Wohnraum waren.

Die Friedensverhandlungen fanden 1992 jedoch einen Befürworter in der Position des neuen israelischen Premierministers, Yitzhak Rabin. Er setzte sich unter Anderem für die Durchsetzung der VN-Resolution 242 ein und unterschrieb einen Friedensvertrag mit Israels ehemaligen Rivalen, Jordanien. Für seinen Einsatz für den Frieden, insbesondere im Bezug auf das Osloer Friedensabkommen[12], gewannen er, sein damaliger Außenminister Shimon Peres und der damalige Chef der Palästinensischen Autonomiebehörde Yassir Arafat den Friedensnobelpreis. Doch die Friedensverhandlungen sorgten für Unruhe bei dem konservativ-religiösem Lager in Israel. Es kam zu vielen Protesten gegen Rabin und seiner Regierung. Seinen traurigen Höhepunkt erreichte der Zorn der konservativen Israelis durch die Ermordung Yitzhak Rabins, der erste israelische Premierminister

---

[9] Vgl. mit http://www.spiegel.de/spiegel/print/d-14347080.html vom 26.04.1982
[10] Der Felsendom ist eines der islamischen Hauptheiligtümer, befindet sich auf dem Tempelberg in Jerusalem, in ihm enthalten ist auch der Stein auf dem nach jüdischem Glauben die Welt errichtet wurde. Die Al-Aqsa-Moschee ist die drittwichtigste Moschee im Islam und befindet sich auf dem Tempelberg in Jerusalem.
[11] Vgl. mit Ahlborn, Herz, Jetztlsperger: Der israelisch-palästinensische Konflikt: Hintergründe, Dimensionen und Perspektiven, Stuttgart 2003, S.77ff.
[12] Das Abkommen sah einen Abzug der israelischen Besatzung aus dem Gaza und dem Westjordanland vor, sodass sich die Palästinenser dort selber verwalten können.

der im Amt ermordet wurde. Der Attentäter Yigal Amir wurde von Organisationen wie der Gush Emunim beeinflusst[13].

Dies war ein herber Rückschlag für die Friedensbewegung, ein Rückschlag, von dem sie sich nicht erholen würden. Obwohl Rabins Nachfolger Shimon Peres den Friedensprozess fortsetzen wollte, führten Terroranschläge von islamistischen Organisationen wie der Hamas oder der Hizbollah zu einem Wahlsieg des konservativen Benyamin Netanyahu im Jahre 1996, dessen Wahlkampagne auf die Sicherheit des israelischen Staates fokussiert war.

Netanyahu setzte die Friedensverhandlungen zwar fort, aber seine Grundhaltung unterschied sich stark von der seiner beiden Vorgänger. Er lehnte jeglichen souveränen Palästinenserstaat ab, er wollte keine Teilung Jerusalems und forderte dass die Golanhöhen ebenfalls im Besitz der Israelis bleiben sollten. Unter Netanyahu nahm zudem der Bau in den Siedlungen, insbesondere isolierter Außenposten stark an. Netanyahu gelang es, Teile der besetzten Gebiete durch seine Bauprojekte so wichtig für Israel zu machen, dass Israel den Verlust dieser Gebiete (Teile des Westjordanlandes) wirtschaftlich nur schwer verkraften würde. Zudem hielt sich Netanyahus Regierung nicht an vereinbarte Abzugspläne in Städten wie Hebron, sodass die von Krisen geplagte Regierung zerbrach und es 1999 wieder zu Wahlen kam[14].

Mit der Wahl des Kandidaten der Arbeiterpartei, Ehud Barak, bekannte sich die israelische Bevölkerung zum Friedensprozess, den Barak auch vollenden wollte. Jedoch gelang es ihm nicht, da Netanyahus kurze, aber effektive Regierungszeit die beiden Streitparteien zu weit voneinander entfernt hatte. Trotz großzügiger Angebote Baraks kamen die einst hoffnungsvollen Friedensverhandlungen mit der Ablehnung des letzten Angebot Baraks durch Arafat zum Ende[15]. Das Osloer Friedensabkommen war somit endgültig gescheitert.

Nach dem Ende der Friedensverhandlungen im Jahre 2000 und der darauffolgenden zweiten Intifada der Palästinenser kam es zu erneut zu Wahlen im Jahre 2001, bei denen der prominenteste Unterstützer der Siedlerbewegung, Ariel Sharon, das Amt des Premierministers für sich gewinnen konnte. Sharon

---

[13] Vgl. mit Ahlborn/Herz/Jetztlsperger: Der israelisch-palästinensische Konflikt: Hintergründe, Dimensionen und Perspektiven, Stuttgart 2003,S.78
[14] Vgl. mit Ahlborn/Herz/Jetztlsperger: Der israelisch-palästinensische Konflikt: Hintergründe, Dimensionen und Perspektiven, Stuttgart 2003,S.86
[15] Ehud Barak(damaliger Ministerpräsident Israels) bot dem PLO Anführer Yassir Arafat 90% des Westjordanlandes, Ostjerusalem und den ganzen Gazastreifen an, der jedoch lehnte ab, da es ihm nicht genug war.

überraschte jedoch, indem er den „Sharon-Plan" durchsetzte, der den kompletten Abzug von den Siedlern aus dem Gaza vorsah[16]. Im Gegenzug solle Israel das Westjordanland dauerhaft behalten. Dies führte zu Massenprotesten der religiösen Fraktion von Israel, insbesondere bei den Siedlern, die ihre Häuser aufgeben mussten und aus religiöser Perspektive erneut einen wichtigen Teil „Groß-Israels" verlieren würden.

Ähnlich wie beim Abzug aus der Sinai kam es zu gewalttätigen Auseinandersetzungen zwischen militanten Siedlern und israelischen Soldaten, jedoch konnten die Soldaten den Abzug erzwingen, sodass es bis dato keine jüdischen Siedlungen mehr im Gaza gibt.

Von 2005 an gab es immer wieder Angriffe religiös motivierter Siedler auf palästinensische Anwohner der besetzten Gebiete, die die Anwesenheit der Nicht-Juden im Heiligen Land nicht wollen. In Hebron gibt es zum Beispiel Bereiche, in denen Araber sich nicht aufhalten dürfen, obwohl es nur 800 jüdische Siedler in Hebron gibt (die vom Militär geschützt werden). Im Vergleich dazu gibt es 170.000 arabische Palästinenser[17].

Es werden auch jedes Jahr hunderte von Häusern der Palästinenser zerstört, teilweise durch Angriffe von Siedlern. Hauptsächlich jedoch durch Zwangsumsiedlung der Palästinenser um mehr Siedlungen für Israelis zu bauen[18]. Es kommt allerdings auch mehrfach zur Eskalation des Konfliktes und somit zu Raketenangriffe auf die palästinensischen Gebiete[19].

Zu den bekannteren Attentaten in letzter Zeit durch jüdische Siedler fällt unter anderem ein Brandanschlag auf ein Haus mit palästinensischen Einwohnern, dem ein anderthalb Jahre altes Kind zum Opfer fiel[20]. Der Fall warf erneut ein negatives Licht auf die instabile Situation in den besetzten Gebieten und auf die Gewaltbereitschaft fundamentalistischer Siedler.

So haben die Vereinten Nationen allein im Jahr 2013 399 Übergriffe der Siedler gegenüber den Palästinensern registriert, eine Zahl, die die Signifikanz der religiös motivierten Siedlerbewegung, die als Vorreiter für die Idee eines „Groß-Israels"

---

[16] „Aufstand"; Als Intifada wird ein Aufstand der Palästinenser gegen die israelische Besatzung bezeichnet, der von zivilen Ungehorsam bis zu Attentaten gehen kann.
[17] Vgl. mit Karte im Anhang
[18] Vgl. mit http://www.israel-nachrichten.org/archive/18491 am 08.11.2015
[19] Vgl. mit Statistik im Anhang
[20] Vgl. mit http://www.welt.de/politik/ausland/article144663356/Radikale-Siedler-toeten-durch-Brandanschlag-Kind.html vom 31.07.2015

gelten, im kompletten israelisch-palästinensischen Konflikt verdeutlicht. Zurzeit gibt es etwa 250 Siedlungen mit ca. 670.000 Einwohnern, wobei 350.000 im Westjordanland, 300.000 in der Gegend um Ostjerusalem und 20.000 in den Golanhöhen leben[21].

2.2 Religiöse Begründungen für die Gewalt

Die jüdischen Siedler geben Religion als Grund für ihre rigorose Verteidigung des besetzten Landes an. Nach ihrer Auffassung des Judentums ist dies auch gerechtfertigt. Jedoch muss man davor betonen, dass diese fundamentalistischen Gruppierungen - wie zum Beispiel die Siedlerbewegung - eine Minderheit in der israelischen Bevölkerung darstellen, die durch einige politische und soziale Faktoren begünstigt werden[22].

Zunächst ist allerdings ein wesentlicher Unterschied zwischen dem Judentum und anderen Religionen festzustellen, nämlich dass (laut orthodoxer Auffassung) sich Juden eher als Volk verstehen, man kann nämlich nur Jude sein, wenn man von einer jüdischen Mutter abstammt oder bei einem orthodoxen Rabbiner zum Judentum konvertiert[23]. Viele andere Religionen versuchen hingegen Leute von ihrer Religion zu überzeugen, während das Judentum ihre Gläubigen als „auserwähltes Volk" sieht.

Nach dieser allgemeinen Differenzierung des Judentums von den anderen Religionen kommen nun die Gründe für die religiöse Gewalt der Siedlerbewegung, die weitestgehend von Jitzhak Kook (1865-1935) niedergeschrieben wurden, der viele der späteren Gründer der „Gush Emunim" unterrichtete. Der grundlegende Ansatz dafür, als Siedler in die besetzten Gebiete zu ziehen, ist dass die Bibel im Alten Testament (Torah) den Juden das Land „Kanaan" zuspricht, was von der großen Öffentlichkeit als das heutige Palästina wahrgenommen wird[24]. Dabei sind der Hauptteil des von der Bibel gegebenen Landes im Westjordanland, insbesondere die Jerusalemer Altstadt und der Tempelberg, die zu den wichtigsten Stätten des Judentums gehören. Laut dem orthodoxen Verständnis ist Gott der einzige, der ihnen dieses Land entziehen kann. Und dies würde er nur tun, falls sie sich von ihm und seinen Gesetzen abwenden würden[25].

---

[21] Vgl. mit Statistik im Anhang
[22] Vgl. mit Vieweger: Streit um das Heilige Land, Gütersloh 2010, S.62.
[23] Vgl. mit Vieweger: Streit um das Heilige Land, Gütersloh 2010, S.67.
[24] Vgl. mit Sand: Die Erfindung des Landes Israel, Berlin 2014, S.93f.
[25] Vgl. mit Vieweger: Streit um das Heilige Land, Gütersloh 2010, S.74

Die Gush Emunim geht sogar etwas weiter, denn laut ihr steht der Besitz des Landes über allem anderen. Diese fundamentalistische Glaubensausrichtung von radikalen Siedlern führt immer wieder zu Anschlägen auf palästinensische Einwohner der besetzten Gebiete, da diese Eindringlinge im ihnen von Gott zugesprochenen Land seien. Eine Besonderheit der Interpretation des Judentums von Jitzhak Kook ist, dass er einen Zusammenhang zwischen dem Land und dem „Messianismus" feststellte, d.h. dem Glauben, dass ein Messias erscheinen und das jüdische Volk befreien würde. Laut seiner These müsse ganz Palästina dem jüdischen Volk gehören, damit die Befreiung der Juden beginnen könne. So sehen Mitglieder der Gush Emunim, die seiner Interpretation folgen, bewaffnete Konflikte wie den Jom-Kippur-Krieg als Versuch der anderen Völker, die nicht von Gott auserkoren wurden, die Befreiung der Juden durch den Messias zu verhindern[26]. Diese Ideen wurden unter Anderem von dem Sohn von Jitzhak Kook, Tzvi Yehudah Kook, als Rechtfertigung benutzt, nach dem 6-Tage Krieg das eroberte Land zu behalten.

Zudem stehen nach Kooks Lehre Juden über weltlichen Gesetzen, da die Besetzung Palästinas eine göttliche Anordnung sei, der jeder Jude folgen müsse. Dazu gehört zum Beispiel auch, dass die göttliche Lehre über demokratischen sowie politischen Grundsätzen steht, falls es zum Konflikt mit diesen käme[27].

Des Weiteren meinen die Siedler, Anfänge des Erlösungsprozesses erkannt zu haben, so meinen sie, dass die Gründung Israels 1948 und die darauffolgende Aufnahme jüdischer Flüchtlinge sowie die militärischen Erfolge im 6-Tage-Krieg, die dazu führten, dass man wieder nach Jerusalem konnte, von Gott stammen muss[28].

Dem jüdischen Glauben zufolge kann es nur zum endgültigen Frieden kommen, falls der dritte Tempel in Jerusalem auf dem Tempelberg errichtet werden kann[29]. Ein Hindernis für den Bau des dritten Tempels ist jedoch die Al-Aqsa-Moschee, die sich auf dem Felsendom befindet und immer wieder für Dispute zwischen den

---

[26] Vgl. mit http://www.myjewishlearning.com/article/gush-emunim/3/ am 18.03.2015
[27] Vgl. mit Lintl: Fundamentalismus – Messianismus – Nationalismus: Ein Theorievergleich am Beispiel der jüdischen Siedler des Westjordanlandes, Hamburg 2012, S.36f.
[28] Vgl. mit Rosenthal: Die Israelis, München 2006, S.240.
[29] Jedoch gibt es Unstimmigkeiten unter den Juden, ob Gott oder die Juden selbst den Tempel errichten sollen.

orthodoxen Juden und den Palästinensern sorgte, von denen ein Großteil befürchtet, dass Israel bereit wäre, die Moschee für den Tempel zu zerstören[30].

Es gibt jedoch keine Einigkeit im Bezug zur Behandlung der Palästinenser, sodass man die Bewegung hier in drei Strömungen einteilen kann: Die erste will, dass man die Palästinenser als minderwertige Mitbürger behandelt, das heißt ihnen nicht die gleichen Rechte wie den Israelis gibt. Ziel ist es, die Palästinenser von selbst dazu zu bewegen, Palästina zu verlassen. Die zweite Strömung innerhalb der Siedlerbewegung geben den Palästinensern keine Rechte, und fordern deren Vertreibung aus dem Heiligen Land. Die dritte fordert die Auslöschung der Palästinenser und meint, dies sei einer der letzten Kämpfe gegen das Böse und darauf solle die Befreiung der Juden folgen[31].

Diese Grundprinzipien des fundamentalistischen Judentums veranschaulichen ihre Bedeutung in der Argumentation der Siedlerbewegung zur Rechtfertigung ihres gewaltsamen Vorgehens zur Inbesitznahme des Heiligen Landes.

2.3 Politische Ursachen

Eine der wesentlichen Ursachen des großen Einflusses der Siedlerbewegung ist das politische System in Israel, das politischen Minderheiten wie der Siedlerbewegung einen verhältnismäßig hohen Einfluss gewährt.

Das Israelische Wahlsystem verfügt über eine geringe Sperrklausel und das Verhältniswahlrecht, die dazu gedacht waren eine vielschichtige Gesellschaft gerecht zu repräsentieren. Stattdessen führt dies zu vielen Koalitionsregierungen, in denen kleine Parteien einen vom Wahlergebnis her unberechtigt großen Einfluss haben.

Heutzutage wird die israelische „Knesset" von zahlreichen kleinen Parteien geprägt, die sich zu Koalitionen zusammenschließen müssen, um regierungsfähig zu sein[32]. So gibt es in der 20. Knesset, die am 17.März 2015 gewählt wurde, 10

---

[30] Vgl. mit http://www.israelogie.de/2014/die-vision-eines-dritten-juedischen-tempels/ am 16.03.2015 und http://www.israelnetz.com/gesellschaft/detailansicht/aktuell/mehrheit-der-palaestinenser-israel-will-al-aksa-moschee-zerstoeren-90622/ vom 06.01.2015

[31] Vgl. mit Flottau: Die eiserne Mauer: Palästinenser und Israelis in einem zerrissenen Land, Berlin 2009,S.52f und http://www.friedenfuerpalaestina.org/grundlagen/siedlungen.htm am 05.11.2015

[32] Als „Knesset" wird das israelische Einkammerparlament bezeichnet

Parteien bei 120 Parlamentssitzen. Im Vergleich dazu gibt es im deutschen Bundestag bei 631 Sitzen nur vier Parteien[33].

Die Siedlerbewegung hat zwar selbst keine sich repräsentierende Partei, ihre Anhänger findet sich verehrt jedoch oft in konservativen, nationalistischen sowie religiösen Parteien wieder und auch im rechten Flügel der Likud, die zurzeit die einflussreichste Partei in Israel ist. Allerdings kann kaum eine Partei von sich behaupten, außerhalb des Einflusses der Bewegung zu sein[34].

Am besten kann man die Politiklandschaft Israels an den Parlamentswahlen 2015 erläutern, bei denen der Likud-Block als Sieger dargestellt wurde, obwohl sie eigentlich keine Mehrheit hatte[35]. Zwar hat er 30 Sitze, doch dies ist etwa die Hälfte der für eine Mehrheit nötigen Sitze. Deshalb musste der Likud mit mindestens zwei anderen Parteien ins Bündnis eingehen. Er entschied sich, sich mit vier religiös-konservativen Parteien zusammenzuschließen, womit es nun erneut einen starken Einfluss des siedlerfreundlichen-konservativen Blocks in der israelischen Regierung gibt.

Darüber hinaus wird es unter Netanyahu vermutlich keinen palästinensischen Staat geben, da er um seinen Wahlsieg zu sichern auf die Stimmen der „Rechten" setzen musste und somit seine politische Karriere über die Prinzipien der moderaten Teile der Likud gesetzt hat[36].

Die Siedlerbewegung hat auch Einfluss auf einige säkulare Parteien, die zwar im Gegensatz zu den Siedlern nicht aus religiösen Gründen an den Siedlungen in den besetzten Gebieten festhalten, sondern aufgrund eines hohen Sicherheitsbedürfnisses es für zu gefährlich halten, die besetzten Gebiete aufzugeben und den Palästinensern zu überlassen.

Durch die oben geschilderten und am Beispiel der Wahlen 2015 erklärten Probleme mit dem politischen System Israels übt die Siedlerbewegung einen enormen Einfluss auf die israelische Politik aus, obwohl sie nur 20% der Wählerstimmen vereinen können. Die Siedlerbewegung profitiert durch die Siedlungspolitik vergangener Regierungen, da sie für niedrigere

[33] Wahlergebnisse von 2013
[34] Vgl. mit Johannsen: Der Nahost-Konflikt, Wiesbaden 2011, S.95
[35] Ergebnisse der Wahlen im Anhang
[36] Vgl. mit http://www.spiegel.de/politik/ausland/benjamin-netanyahu-mit-mir-gibt-es-keinen-palaestinenserstaat-a-1023856.html vom 16.03.2015 und http://www.spiegel.de/politik/ausland/wahl-in-israel-benjamin-netanyahu-schafft-das-comeback-a-1024082.html vom 18.03.2015

Lebensunterhaltungskosten sorgten und somit auch mehr Unterstützung von säkularen Siedlern bekamen.

Der nächste Grund für den hohen Einfluss der Siedlerbewegung auf die Politik ist die Lobbyarbeit der Bewegung und ihrer Organisationen. Aktiv in der Lobbyarbeit ist auch die Gush Emunim, obwohl diese in der israelischen Gesamtbevölkerung gerade einmal 0,5% der Wählerstimmen vereinen kann; selbst in den Siedlungen sind es nur knapp 20%. Der Einfluss der Organisation kann durch die Besetzung hoher Stellen in Parteien sowie im Siedlrat erklärt werden. Dies ist ein zuverlässiges Netz bestehend aus Unterorganisationen, das zum Beispiel die Neueinwanderer in den Siedlungen verteilt. Ihre Besetzung von Posten in vielen Ministerien lässt sich durch ihre Verteilung in zahlreichen Parteien erklären, selbst in Parteien wie der Arbeiterpartei, obwohl sie politische Gegner sind[37].

Premierminister Benyamin Netanyahu vertritt zudem die kontroverse These, dass die Siedlungen keinen Einfluss auf den Friedensprozess haben und somit nicht zur Diskussion stehen. Er ging sogar so weit, die Behauptung, dass die Siedlungen Einfluss auf die Friedensverhandlungen haben, als „Humbug" und „wirklichkeitsfremd" zu bezeichnen[38]. Diese Einstellung des jetzigen israelischen Regierungschefs erschwert jegliche Verhandlungen um die besetzten Gebiete, wovon die Siedlerbewegung profitiert.

International hilft Israel ihre Verbundenheit mit den USA, die als ständiges Mitglied des VN-Sicherheitsrates jegliche Sanktionen gegen Israel für das Verstoßen gegen VN-Resolutionen verhindern[39]. Zudem gibt es auch eine pro-israelische Lobby in den USA, die durch Organisationen wie AIPAC versucht, israelische Interessen in den USA zu vertreten[40].

Abschließend lässt sich zu der jetzigen Lage der israelischen Politik sagen, dass ein Abzug aus den besetzten Gebieten unter Ministerpräsident Benyamin Netanyahu sehr unwahrscheinlich ist, und dass jeglicher Versuch der nachfolgenden Ministerpräsidenten unter Beschuss der Siedlerbewegung steht.

---

[37] Vgl. mit Lintl: Fundamentalismus – Messianismus – Nationalismus: Ein Theorievergleich am Beispiel der jüdischen Siedler des Westjordanlandes, Hamburg 2012,S.199 und Ahlborn/Herz/ Jetztlsperger: Der israelisch-palästinensische Konflikt: Hintergründe, Dimensionen und Perspektiven, Stuttgart 2003, S.78f und Johannsen: Der Nahost-Konflikt, Wiesbaden 2011, S.95ff.

[38] Vgl. mit http://www.welt.de/politik/ausland/article123941246/Israel-stellt-EU-Botschafter-nach-Kritik-zur-Rede.html vom 17.01.2014 und http://www.morgenpost.de/printarchiv/politik/article133755604/Netanjahu-verbittet-sich-Kritik-an-Israels-Siedlungspolitik.html vom 29.10.2014

[39] Vgl. mit https://www.jewishvirtuallibrary.org/jsource/UN/usvetoes.html am 29.09.2015

[40] „ American Israel Public Affairs Committee"(„Amerikanisch-israelischer Ausschuss für öffentliche Angelegenheiten")

Durch die Unterstützung der USA sind der VN die Hände gebunden, sodass eine politische Lösung in nächster Zeit nur durch eine Kehrtwende in einer der genannten Parteien möglich ist.

2.4 Soziale Ursachen

Die soziale Entwicklung Israels spielt ebenfalls eine große Rolle in der Entwicklung der besetzten Gebiete, meistens konnte die Siedlerbewegung jedoch davon profitieren.

So kommt ihnen das israelische Rückkehrgesetz zugute, das den Staat Israel als Heimat aller Juden sieht und jedem Juden die israelische Staatsbürgerschaft ermöglicht. Durch dieses Gesetz stieg die israelische Bevölkerung von ursprünglich 806.000 Einwohnern im Jahre 1948 auf 8,25 Millionen Einwohnern im Jahre 2014[41]. Insbesondere in den neunziger Jahren stieg die Anzahl der Einwanderer nach Israel durch den Politikumschwung in Äthiopien und den Zerfall der Sowjetunion, deren hohe Anzahl von Juden erst dann die Möglichkeit hatte, frei zu reisen[42].

Doch warum bevorzugten sie die besetzten Gebiete als Wohnort? Dies liegt an der Siedlungspolitik von Ariel Sharon, der die Siedlungen staatlich subventionierte, sodass die Siedler Steuervorteile und geringere Lebensunterhaltungskosten genossen, was viele der neuen Einwanderer dazu bewegte, in die besetzten Gebiete zu ziehen. Das heißt allerdings nicht, dass diese Einwanderer und viele der anderen Siedler die radikalen Ansichten von Organisationen wie der Gush Emunim teilen. Sie entschlossen sich einfach, die finanziell bessere Entscheidung zu treffen und deshalb in diese Gebiete zu ziehen[43].

Der wahrscheinlich einflussreichste soziale Faktor sind jedoch wahrscheinlich palästinensische Anschläge auf israelische Zivilisten, die jegliche Friedensbewegung in der israelischen Bevölkerung zurückwerfen. So brachte die zweite Intifada, bei der etwa 1000 Israelis ihr Leben verloren, die israelische Bevölkerung zusammen. Die politischen Unterschiede wurden durch die gemeinsame Wut und Enttäuschung, den der Tod all dieser Zivilisten verursacht, marginalisiert. Durch solche Anschläge, die dazu noch von palästinensischen

---

[41] Zahlen von https://www.jewishvirtuallibrary.org/jsource/Society_&_Culture/Population_of_Israel.html am 18.03.2015
[42] Vgl. mit Statistik im Anhang
[43] Vgl. mit Karte von Israel(mit Siedlungen) im Anhang

Parteien wie der Hamas zelebriert werden, entsteht selbst bei der säkularen Mehrheit der Israelis der Eindruck, dass es den Palästinensern nur um die Zerstörung Israels geht. Denn die Palästinenser und ihr Terror werden damit zu dem Feind, der alle Israelis zusammenbringt[44].

Somit profitierte die Siedlerbewegung oft durch günstige soziale Umstände, sei es Einwanderung oder Terror einiger radikaler Palästinenser, um an den besetzten Gebieten festzuhalten.

2.5 Die Rolle der Medien

Ein Hauptgrund für die Unterstützung der Regierung unter Netanyahu ist die Art, wie der Konflikt in den Medien präsentiert wird. So werden die Palästinenser oft als Bedrohung für die nationale Sicherheit Israels präsentiert und dass jegliches Eingreifen der israelischen Armee in den besetzten Gebieten nur als Verteidigung dient. Zudem kommt das „Feindbild Islam" ins Spiel, wo oft moderate Fraktionen, die sich für den Frieden einsetzen, ignoriert werden anstelle von radikalen Fundamentalisten, die all die Aufmerksamkeit bekommen[45].

Aus der Sicht vieler Israelis stellt die Hamas, die regierende Partei im Gaza, die ganz Palästina für sich beansprucht, eine Gefahr für die Existenz des Staates Israel dar, was durch Terroranschläge auf israelische Zivilisten bestätigt wird. So wurden bei der letzten gewaltsamen Eskalation des Konflikts im Jahre 2014 in den Medien durchgehend über den Mord von 3 israelischen Jugendlichen durch Palästinenser berichtet, während die vorherigen Angriffe durch israelische Siedler weitestgehend ignoriert wurden. Zum Beispiel wurden bereits vorher zwei palästinensische Jugendliche von israelischen Soldaten ermordet, doch dies wurde von der israelischen und der internationalen Presse ignoriert. Dadurch wird in der Bevölkerung der Eindruck vermittelt, dass die Palästinenser immer die Aggressoren sind während die Israelis nur die unschuldigen „Opfer" sind, die ihre Bevölkerung schützen wollen[46].

Dadurch werden Angriffe auf Palästinenser durch Siedler nicht mehr verurteilt, sondern als gerechtfertigte Verteidigung gegen palästinensische Terroristen gesehen und diese Anerkennung dient Siedlern als Ansporn für weitere

---

[44] Vgl. mit http://www.welt.de/politik/ausland/article134524769/Der-Terror-eint-Israelis-und-Palaestinenser-im-Hass.html vom 19.11.2014
[45] Vgl. mit https://www.planet-schule.de/wissenspool/nahostkonflikt/inhalt/hintergrund/der-nahostkonflikt-als-medienkrieg.html am 27.09.2015
[46] Vgl. mit http://www.kontext-tv.de/node/436 am 27.09.2015

gewaltsame Angriffe gegen die Palästinenser, die wiederum mit ihren eigenen Anschlägen für ihre negative Darstellung in der israelischen Presse sorgen. Dies führt zu einem Teufelskreis des Terrors, von denen die Siedlerbewegung und ihre Agenda für die Besetzung ganz Palästinas profitiert und die den Friedensbemühungen schaden[47].

Diese Faktoren zeigen ihre Auswirkungen in Umfrage, so heißt es nach einer Umfrage der regierungsnahen Zeitung "Israel Hajom" haben 80% der Israelis den Glauben an den Friedensverhandlungen verloren, zudem sind laut der Zeitung „Maariv" 53% der Israelis gegen eine Räumung der besetzten Gebiete[48].

Zusammenfassend lässt sich sagen, dass die Präsentation der israelischen Medien aller Palästinenser als „Terroristen" und „Dschihadisten" und nicht als „besetztes Volk" einen enormen Einfluss auf die öffentliche Meinungsbildung und das Verlangen nach Sicherheit kreiert, was zur Wahl von Politkern wie Netanyahu und Sharon führte.

3. Schluss: Zukunftsperspektive

Die Frage ist, ob die Friedensbewegung diese Ursachen für die Gewalt lösen kann oder ob die Situation wie zurzeit in vielen Bereichen des Nahen Ostens instabil bleibt und somit die Relevanz von Organisationen wie der Gush Emunim sichert und sich dieses endlos erscheinende politische Debakel fortsetzt. Jedoch ist dieses Unterfangen nicht unmöglich, wie bereits Rabin mit seinem Einsatz für die Friedensbewegung zeigte und wofür er mit seinem Leben bezahlte.

Was jedoch fest steht, ist dass jeder mögliche Frieden die gesetzten Gebiete beinhaltet und damit unweigerlich auf Konfrontationskurs mit der jüdischen Siedlerbewegung zugeht, und dass der Ausgang einer solchen Konfrontation ungewiss ist.

Es ist zudem äußerst fraglich, ob die regierende Likud Partei unter Benyamin Netanyahu überhaupt an Frieden interessiert ist, zudem sind sie wahrscheinlich durch ihre Partnerschaft mit den USA vor jeglichen VN-Sanktionen geschützt.

---

[47] Vgl. mit http://www.welt.de/politik/ausland/article134524769/Der-Terror-eint-Israelis-und-Palaestinenser-im-Hass.html vom 19.11.2014 und http://www.bpb.de/apuz/31288/israels-medien-in-zeiten-der-not?p=2 am 27.09.2015
[48] Vgl. mit http://www.spiegel.de/politik/ausland/israelis-beurteilen-friedensloesung-mit-palaestina-pessimistisch-a-916949.html vom 16.08.2013

Außerdem ist die Verhandlungsbereitschaft der gespaltenen Palästinenserfraktion nach Jahrzehnten des Konfliktes schwer zu berechnen.

Die traurige Wahrheit ist jedoch, dass etwa 35.000 Araber und 16.000 Israelis diesem Konflikt zum Opfer gefallen sind, und dafür gibt es weder eine weltliche noch eine religiöse Rechtfertigung[49].

---

[49] Zahlen von http://blog.zeit.de/joerglau/2007/12/19/die-weltrangliste-der-blutigsten-konflikte-und-der-nahostkonflikt_948 vom 19.12.2007

4. Anhang

Fußnote 17: Entwicklung des palästinensischen Gebietes

Quelle: https://11k2.files.wordpress.com/2013/11/israel-palc3a4stina.jpg am
27.09.2015

Fußnote 19: Bedrohte und zerstörte palästinensische Häuser im Westjordanland
und Ostjerusalem

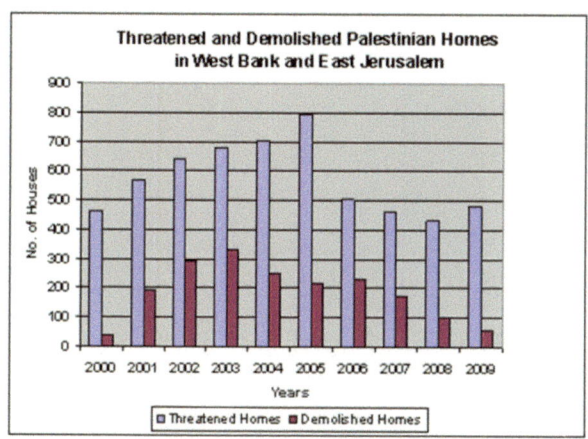

Quelle: http://www.poica.org/details.php?Article=1813 am 08.11.2015

Fußnote 21: Entwicklung der Siedlungsanzahl und Bevölkerung

Jahr	Anzahl der Siedlungen (anerkannte Siedlungsgebiete)	Einwohner (in tausend)	Jahr	Anzahl der Siedlungen (anerkannte Siedlungsgebiete)	Einwohner (in tausend)
1967	1	Unbekannt	1984	102	35.3
1968	3	Unbekannt	1985	105	44.2
1969	8	Unbekannt	1986	110	51.1
1970	10	Unbekannt	1987	110	57.9
1971	12	Unbekannt	1988	110	63.6
1972	14	Unbekannt	1989	115	69.8
1973	14	Unbekannt	1990	118	78.6
1974	14	Unbekannt	1991	119	90.3
1975	19	Unbekannt	1992	120	100.5
1976	20	3.2	1993	120	110.9
1977	31	4.4	1994	120	122.7
1978	39	7.4	1995	120	127.9
1979	43	10	1996	121	141.5
1980	53	12.5	1997	122	154.4
1981	68	16.2	1998	123	166.1
1982	73	21	1999	123	177.5
1983	76	22.8	2000	123	191.6
			2001*	123	198

Quelle: http://www.db-thueringen.de/servlets/DerivateServlet/Derivate-1386/herz.html am 08.11.2015

Fußnote 35: Wahlergebnisse der Wahlen in Israel im Jahre 2015

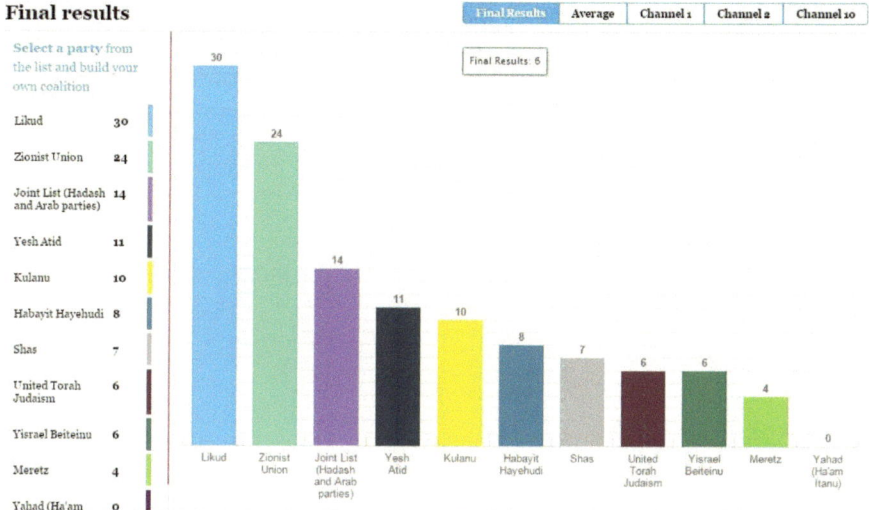

Quelle: https://www.radio-utopie.de/wp-content/uploads/2015/03/Endergebnis-Knesset-Wahl-17-03-2015-Stand-18-3-0800-Uhr.jpg vom 18.03.2015

Fußnote 42: Einwanderung nach Israel

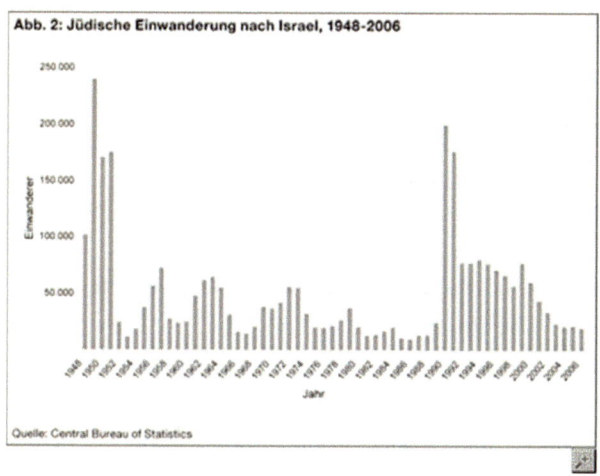

Quelle: http://focus-migration.hwwi.de/Israel.5246.0.html am 08.11.2015

Fußnote 43: Israel und die besetzten Gebiete 2015

Quelle: http://www.xn--mnsterplus-
9db.de/.cm4all/iproc.php/Israel2015/Geschichte/Siedlungen.jpg/downsize_1280_0/Siedlunge
n.jpg am 27.09.2015

5. Literaturverzeichnis

5.1 Bücherquellen

- Ahlborn/Herz/Jetztlsperger: Der israelisch-palästinensische Konflikt: Hintergründe, Dimensionen und Perspektiven, Stuttgart 2003

- Flottau: Die eiserne Mauer: Palästinenser und Israelis in einem zerrissenen Land, Berlin 2009

- Graf/Meier: Politik und Religion-zur Diagnose der Gegenwart, München 2013

- Johannsen: Der Nahost-Konflikt, Wiesbaden 2011

- Lintl: Fundamentalismus – Messianismus – Nationalismus: Ein Theorievergleich am Beispiel der jüdischen Siedler des Westjordanlandes, Hamburg 2012

- Rosenthal: Die Israelis, München 2006

- Sand: Die Erfindung des Landes Israel, Berlin 2014

- Vieweger: Streit um das Heilige Land, Gütersloh 2010

5.2 Internetquellen

- http://www.bpb.de/apuz/31288/israels-medien-in-zeiten-der-not?p=2
  Abrufdatum: 27.09.2015
- http://www.db-thueringen.de/servlets/DerivateServlet/Derivate-1386/herz.html
  Abrufdatum: 08.11.2015
- http://www.dw.de/geschichte-der-israelischen-siedlerbewegung/a-1682873
  Veröffentlichungsdatum: 17.08.2005; Abrufdatum: 18.03.2015
- https://11k2.files.wordpress.com/2013/11/israel-palc3a4stina.jpg
  Abrufdatum: 27.09.2015
- http://focus-migration.hwwi.de/Israel.5246.0.html Abrufdatum: 08.11.2015
- http://www.friedenfuerpalaestina.org/grundlagen/siedlungen.htm
  Abrufdatum: 05.11.2015
- http://www.israel-nachrichten.org/archive/18491 Abrufdatum: 08.11.2015
- http://www.israelnetz.com/gesellschaft/detailansicht/aktuell/mehrheit-der-
  palaestinenser-israel-will-al-aksa-moschee-zerstoeren-90622/
  Veröffentlichungsdatum: 06.01.2015; Abrufdatum: 18.03.2015
- http://www.israelogie.de/2014/die-vision-eines-dritten-juedischen-tempels/
  Abrufdatum: 16.03.2015
- https://www.jewishvirtuallibrary.org/jsource/UN/usvetoes.html
  Abrufdatum: 29.09.2015
- https://www.jewishvirtuallibrary.org/jsource/Society_&_Culture/Population_of_Israel.ht
  ml Abrufdatum:18.03.2015
- http://www.kontext-tv.de/node/436 Abrufdatum: 27.09.2015
- http://www.morgenpost.de/printarchiv/politik/article133755604/Netanjahu-verbittet-
  sich-Kritik-an-Israels-Siedlungspolitik.html Veröffentlichungsdatum: 29.10.2015;
  Abrufdatum: 28.09.2015
- http://www.myjewishlearning.com/article/gush-emunim/3/ Abrufdatum: 18.03.2015
- https://www.planet-schule.de/wissenspool/nahostkonflikt/inhalt/hintergrund/der-
  nahostkonflikt-als-medienkrieg.html Abrufdatum: 27.09.2015
- http://www.poica.org/details.php?Article=1813 Abrufdatum: 08.11.2015
- https://www.radio-utopie.de/wp-content/uploads/2015/03/Endergebnis-Knesset-Wahl-
  17-03-2015-Stand-18-3-0800-Uhr.jpg Veröffentlichungsdatum:18.03.2015;
  Abrufdatum: 10.06.2015

- http://www.spiegel.de/politik/ausland/benjamin-netanyahu-mit-mir-gibt-es-keinen-palaestinenserstaat-a-1023856.html Veröffentlichungsdatum: 16.03.2015; Abrufdatum: 27.09.2015

- http://www.spiegel.de/politik/ausland/israelis-beurteilen-friedensloesung-mit-palaestina-pessimistisch-a-916949.html Veröffentlichungsdatum: 16.08.2013; Abrufdatum: 18.03.2015

- http://www.spiegel.de/politik/ausland/wahl-in-israel-benjamin-netanyahu-schafft-das-comeback-a-1024082.html Veröffentlichungsdatum: 18.03.2015; Abrufdatum: 27.09.2015

- http://www.spiegel.de/spiegel/print/d-14347080.html Veröffentlichungsdatum: 26.04.1982; Abrufdatum: 08.11.2015

- http://www.welt.de/politik/ausland/article123941246/Israel-stellt-EU-Botschafter-nach-Kritik-zur-Rede.html Veröffentlichungsdatum:17.01.2014; Abrufdatum: 08.10.2015

- http://www.welt.de/politik/ausland/article134524769/Der-Terror-eint-Israelis-und-Palaestinenser-im-Hass.html Veröffentlichungsdatum: 19.11.2014; Abrufdatum: 08.10.2015

- http://www.welt.de/politik/ausland/article144663356/Radikale-Siedler-toeten-durch-Brandanschlag-Kind.html Veröffentlichungsdatum: 31.07.2015; Abrufdatum: 27.09.2015

- http://www.xn--mnsterplus-9db.de/.cm4all/iproc.php/Israel2015/Geschichte/Siedlungen.jpg/downsize_1280_0/Siedlungen.jpg Abrufdatum: 27.03.2015

- http://blog.zeit.de/joerglau/2007/12/19/die-weltrangliste-der-blutigsten-konflikte-und-der-nahostkonflikt_948 Veröffentlichungsdatum: 19.12.2007; Abrufdatum: 08.10.2015